AF339983

OBSERVATIONS

SUR

LE PROJET DE LOI

RELATIF AUX CRIS, DISCOURS, ÉCRITS ET ACTES SÉDITIEUX,

PRÉSENTÉ LE 16 OCTOBRE 1815,

A LA CHAMBRE DES DÉPUTÉS,

PAR S. EXC. LE MINISTRE D'ÉTAT,

GARDE DES SCEAUX,

PAR M. P***., AVOCAT.

1815,

OBSERVATIONS

Sur le projet de loi présenté, le 16 octobre dernier, à la Chambre des Députés, par Son Exc. le Ministre d'Etat, Garde des Sceaux (1).

————

IL n'est personne qui ne sente l'indispensable nécessité d'une loi qui punisse, d'une manière proportionnelle et prompte, les délits plus ou moins graves, contre l'ordre et la tranquillité publique; ces cris, ces pamphlets séditieux, ces menaces, ces actes, qui, pour être indirects, n'en sont pas moins dangereux ; ces manœuvres qui, conduites par de grands coupables, impunis et forts de leur impunité, corrompent l'esprit public et fomentent la révolte.

Il n'est personne qui ne convienne qu'il existe,

———

(1) Ces observations ont été écrites rapidement, n'ayant point eu le tems de nous livrer au travail et aux recherches qu'exigeait une matière aussi grave.

pour ce genre de délits, une lacune dans nos dispositions pénales, lacune d'autant plus funeste qu'elle nous jette dans cette alternative, ou de laisser le crime impuni, ou de punir le coupable au-delà de la peine qu'il mérite.

Enfin, il n'est personne qui ne reconnaisse que la lenteur de notre procédure criminelle ne peut convenir aux circonstances impérieuses dans lesquelles nous nous trouvons.

Frappés de ces vérités, les Ministres ont présenté un tableau énergique et vrai de l'état de la France, et montré la plaie dans toute sa profondeur.

Ils ont fait sentir que nous étions dans des circonstances extraordinaires, qui exigent des mesures extraordinaires comme elles, qu'il fallait inspirer une terreur salutaire à ces hommes, *dont l'unique morale est la crainte des peines*, et que c'est *contre des coupables, la plupart de cette espèce, que nos lois actuelles sont, à plusieurs égards, impuissantes*.

Ils ont enfin exposé la nécessité d'une instruction rapide et d'une punition, qui, pour être d'un exemple efficace, fut infligée peu de tems après le délit.

Pour répondre à ces vues, la loi proposée devait donc avoir trois objets :

1°. La punition sévère et conforme aux circonstances de tout délit contre la sûreté de l'État.

2°. La gradation de la peine à raison de l'espèce et de la gravité du délit.

3°. La prompte application de cette peine.

L'examen du projet de loi démontrera qu'elle ne remplit aucun de ces objets.

DISCUSSION DU PROJET DE LOI.

1°. *Punition sévère, conforme aux circonstances.*

La loi doit punir avec la sévérité que nécessitent des circonstances extraordinaires : nos lois actuelles ne sont suffisantes que dans des tems de tranquillité.

Et pour réparer cette insuffisance et cette impuissance, on propose d'infliger à des délits que l'on qualifie de *séditieux*, les peines les plus légères en tems ordinaire, et lorsque la tranquillité publique n'est point troublée.

Des peines correctionnelles ! le mot seul en indique la faiblesse.

L'emprisonnement! pour des hommes qui la plupart ont pour demeure habituelle la prison.

Et par qui ces peines seraient-elles infligées? par des tribunaux, qui, loin d'inspirer la terreur, sont malheureusement devenus pour le peuple un objet de spectacle et de dérision : par des tribunaux destinés à prononcer sur une dispute, sur une injure : par des tribunaux de police correctionnelle, les derniers de tous dans la hiérarchie judiciaire.

On veut punir sévèrement! et on punit les délits contre le chef de l'État et contre le Gouvernement, moins sévèrement que le même délit commis contre un particulier. Car, aux termes du code pénal, il y aurait,

Pour menaces d'assassinat, empoisonnement, etc., contre un particulier,

Peine de travaux forcés à tems, dans le cas où ce serait avec ordre de déposer une somme d'argent (art. 305 du code pénal): pour la menace faite sans condition ni ordre, emprisonnement de deux ans au moins, de cinq ans au plus, et amende de 100 francs à 600 francs si elle est écrite (art. 307), emprisonnement de six mois à deux ans, et amende de 25 à 300 francs, si elle est verbale.

Tandis que d'après la loi proposée ;

La menace d'assassinat contre le Roi, serait punie dans tous les cas, de trois mois à cinq ans de prison : point d'amende.

Pour calomnies contre un particulier, d'après le code pénal, la peine serait,

Dans un cas, emprisonnement de deux ans à cinq ans, amende de 200 fr. à 5,000 fr. (art. 371); dans les autres cas, emprisonnement d'un à six mois : amende de 50 fr. à 2,000 fr.

Pour calomnie contre le Roi, d'après la loi proposée :

Dans tous les cas, la peine ne serait que de trois mois à cinq ans d'emprisonnement : point d'amende (1).

---

(1) Cette loi serait si peu en harmonie avec notre legislation criminelle, qu'un mendiant, pour s'être-travesti, est puni de deux ans à cinq ans de prison (art. 277), tandis que celui qui menace d'assassiner le Roi, ou provoque *directement* à renverser le Gouvernement, si aucun effet n'a suivi, ne sera puni que de trois mois à cinq ans.

Voir dans la Quotidienne du 18 octobre 1815, un jugement qui condamne un mendiant à deux ans de prison, pour s'être supposé une plaie, dans la vue d'exciter la commisération.

On veut punir sévèrement, plus sévèrement que nos lois ne punissent ! et dans certains cas, on remplace la peine de mort que prononce le code, par un emprisonnement de trois mois à cinq ans.

En effet, le code pénal punit de mort l'attentat tendant *à s'armer contre l'autorité Impériale, ou à renverser le Gouvernement* (art. 87).

Il définit l'attentat, *un acte* commis ou commencé pour parvenir à l'exécution de ces crimes, quoiqu'ils n'aient pas été consommés (art. 88).

Et d'après la loi proposée, des attentats de cette nature ne seraient punis que de la peine correctionnelle.

En voici un exemple :

Celui qui après avoir, par des discours tenus dans un lieu public, excité les citoyens à renverser le Gouvernement, ira enlever de dessus un monument public le drapeau blanc, et y érigera un drapeau de faction, ce qui assurément est bien un acte de révolte (1), non-seulement

______

(1) Assurément, celui qui, l'an dernier érigea le drapeau tricolore sur le palais des Thuileries, commettait un acte de révolte.

Dans le cas de l'article 102 pour les écrits ou discours contenant provocation directe, il y aurait peine de bannissement d'après le code pénal ; d'après le projet de loi, peine d'emprisonnement.

commencé ; mais commis, et par conséquent un attentat que le code punirait de mort, ne sera passible que de la peine correctionnelle mentionnée au projet de loi.

A la vérité, cette loi renvoie aux dispositions du code pénal (art. 5 du projet), mais c'est seulement lorsque l'acte a été suivi d'effet. Or, comme le code pénal ne fait point cette distinction pour ces attentats, il en résulte que le même crime était puni contre l'autorité impériale dans tous les cas, de mort et de confiscation des biens : et qu'il ne le serait contre l'autorité royale, que de trois mois à cinq ans de prison.

Ce renvoi à l'application du code pénal est d'ailleurs illusoire pour les cas qu'il n'a pas prévus, et il en existe : trop rigoureux, dans beaucoup d'autres qu'il a prévus. (Voir l'article 102).

Ainsi pour inspirer plus de crainte et punir plus sévèrement, dans les cas les plus graves, à la peine mort est substituée la seule peine d'emprisonnement.

Dans les autres cas, on n'établit que des peines de correction.

On ôte au coupable jusqu'à la crainte qu'inspire le nom de *Cour criminelle*, pour le livrer à des tribunaux dont le nom seul le rassure.

En un mot, on propose pour rendre la loi plus rigoureuse dans des circonstances extraordinaires et de trouble, ce que l'on ne proposerait même pas, pour l'adoucir, dans des tems ordinaires et dans le calme le plus profond.

La première condition n'est donc point remplie.

2°. *Gradation de la peine à raison de l'espèce et de la gravité du délit.*

Si la loi proposée établissait, ce qui est omis par le code pénal, une distinction entre ce qui est séditieux, et ce qui n'excite qu'un léger désordre : entre ce qui est prémédité et ce qui ne l'est point : concerté entre plusieurs ou non ; en réunion ou isolément ;

Si la loi infligeait des peines, les unes criminelles, les autres correctionnelles, les autres même de simple police, graduées suivant la nature du délit ;

Si enfin elle fixait cette proportion et cette gradation dans les peines sans lesquelles toute loi criminelle, devient absurde, injuste, et barbare quelquefois ;

La condition serait remplie, le but atteint.

Rien de tout cela dans le projet de loi.

Tout est qualifié *séditieux*, que ce soit plainte,

propos, simple cri, ou, calomnie atroce, voie de fait, provocation même *directe* à renverser le Gouvernement ;

Que ce soit échappé à la mauvaise humeur, à l'imprudence, à la misère, ou, fait à dessein, méchamment, dans un esprit de révolte.

Point de proportion de peine suivant les divers délits.

Quelle que soit l'espèce, tout est puni de la même peine :

Celui qui menace la vie du Roi, comme celui qui déchire une affiche ;

Celui qui imprimera calomnieusement, comme on l'a imprimé, que le Roi était complice des Robespierre, des Fouché, des Carnot, comme celui qui proférerait une injure.

Point de proportion de peine suivant la gravité du même délit.

Elle punit de même,

L'homme pris de vin, le soldat mécontent qui laisse échapper un propos, un cri défendu, ou celui qui les répète à dessein dans une réunion de citoyens ;

Celui sur lequel on trouve une proclamation séditieuse ou un pamphlet, et celui qui le compose, l'imprime et le fait imprimer, ou chez qui on en saisit des milliers d'exemplaires;

L'enlèvement du drapeau blanc de dessus un monument public, comme signal de révolte, d'avec une simple dégradation, sans aucune intention plus coupable.

Elle n'attache aucune importance ni au concert des délinquans, ni à la préméditation, qui cependant constituent les caractères les plus graves du crime.

Ainsi, quelle que soit l'espèce, la gravité du délit, prémédité ou non, commis isolément ou non, sous quelque forme qu'il se présente, toujours la peine sera la même, de trois mois à cinq ans de prison.

Voilà le tarif: on n'en connaît point d'autre; et cela quand notre législation actuelle gradue ainsi les peines. (Code pénal, art. 7, 8 et 9).

Peines criminelles.

La mort;

Travaux forcés à perpétuité;

Déportation;

Travaux forcés à tems;

Réclusion,

Marque, comme peine accessoire ;

Carcan ;

Bannissement ;

Dégradation civique.

Peines correctionnelles.

Emprisonnement à tems ;

Interdiction des droits civiques, etc. ;

Amende ;

Comment donc, ¡pour les délits contre l'Etat, passe-t-on de la peine capitale à une des peines les plus légères, sans cette dégradation qui existe pour tous les autres délits?

Veut-on punir proportionnellement ? que de simples peines correctionnelles soient appliquées à des discours, écrits, ou actes qui ne portent point le caractère de sédition et de révolte, à ceux, par exemple, dont il est question dans les articles 2 et 3 du projet de loi, la justice et la raison le réclament.

Mais que ces peines soient appliquées à des discours ou écrits, qui exciteraient à s'armer contre l'Autorité Royale, qui provoqueraient même *diretcement* le renversement du Gouvernement et le changement d'ordre de successibilité au trône, la justice et la raison , disons plus ; le salut de la France , le repoussent ; et quatorze mois d'expérience , trois mois de malheurs , ne nous instruisent que trop de leur insuffisance.

Car croit-on de bonne foi, que si la loi proposée, telle qu'elle est , eût été présentée et adoptée en 1814, elle eût arrêté le retour de l'usurpateur et les trahisons de ses agens ?

Il s'éloigne ; mais ses complices, mais ceux qui l'ont amené sont là , riches , puissans , enhardis par l'impunité , et ils conspirent de nouveau.

On a voulu proportionner la peine au délit ; et pour y parvenir , comme le code pénal punit de la peine capitale les crimes et délits directs et à découvert , on propose de n'infliger que des peines correctionnelles aux délits indirects (1) et cachés.

Comme si les coupables n'étaient point trop habiles, trop expérimentés , pour conspirer directement et ouvertement.

Comme si la conspiration indirecte n'était point devenue leur système , comme nous l'atteste la funeste épreuve de cette année même.

____

(1) Encore le projet de loi mentionne-t-il ceux qui provoqueraient même directement à renverser le Gouvernement.

Comme si enfin, nous n'avions point à combattre des hommes tels que , si pour les atteindre par des peines rigoureuses, on attend de leur part des attentats directs, la France sera perdue , avant même que l'occasion ne se présente de les punir.

La loi proposée ne remplit donc le second objet sous aucun rapport.

3°. *Prompte application de la peine.*

A la nécessité d'une loi positive sur les délits contre l'État, ce sont les paroles même du Ministre, *se joint celle d'une instruction rapide et d'une punition qui pour être d'un exemple efficace , soit infligée peu de tems après le délit.*

Quel moyen de célérité présente le projet de loi?

Pour l'application de la peine capitale et du bannissement , nul changement à la marche reconnue trop lente de notre procédure criminelle.

Pour les délits du genre de ceux qui devraient n'être punis que par des peines correctionnelles , nul changement encore à la procédure de police correctionnelle, qui , quoique plus rapide , n'en laisse pas moins un tems considérable s'écouler entre le délit et la punition. On sait qu'il faut au moins quinze jours, et quelquefois des mois entiers, pour l'instruction et le jugement.

Les seuls délits dont on accélère un peu la punition à l'aide du projet de loi, sans que pour cela elle soit prompte, sont ceux qui seraient passibles de peines criminelles autres que la mort, et que, pour gagner de vîtesse, on punit de peines correctionelles.

Ainsi, un homme mériterait la peine des travaux forcés à perpétuité : pour le punir un peu plutôt, on ne lui inflige que de trois mois à cinq ans de prison.

Un pareil échange ne peut déplaire au coupable. On lui sauve la peine criminelle, même la prison où il resterait à attendre son arrêt, les fatigues d'une instruction pénible, et, s'il lui reste quelque pudeur, l'infamie d'être sur le banc des criminels.

Est-ce donc là compenser la rigueur par la célérité ?

N'est-ce pas vouloir, pour que la justice frappe promptement le coupable, lui enlever son glaive.

En résumé, la loi proposée n'offre, ni sévérité, ni gradation, ni célérité dans l'application des peines :

Partout contradiction avec le but indiqué.

Qu'on lise à un coupable le préambule de la loi proposée, il sera glacé de terreur : qu'on lui en lise le texte, il rira lui-même de sa frayeur.

OBSERVATIONS POUR SERVIR DE BASE A UN NOUVEAU PROJET DE LOI.

Après avoir discuté la loi proposée, et indiqué son insuffisance, nous sera-t-il permis de proposer quelques idées qui puissent servir de base à un nouveau projet ?

Notre législation actuelle présente, nous l'avouons, une difficulté, quant au mode d'accélérer le jugement et la punition.

Cette difficulté est réelle ; et comment, sans cela, des ministres, aussi éclairés et aussi intègres, auraient-ils présenté un projet de loi dont il est impossible qu'ils ne connaissent point eux-mêmes l'insuffisance et la faiblesse.

Peut-être ont-ils aussi réfléchi sur les inconvéniens momentanés résultant d'une de nos plus précieuses et plus salutaires institutions.

Mais n'est-il aucun moyen d'y remédier en évitant les vices et les dangers du projet de loi?

Il nous semble qu'il en existe plusieurs.

1°. La Charte en abrogeant les commissions et les tribunaux extraordinaires, fait une réserve expresse pour les *Cours prévôtales*, dans les cas où leur rétablissement serait jugé nécessaire. (article 67).

Cette disposition qui atteste la sage prévoyance du Roi, serait-elle donc vaine et illusoire, alors qu'elle semble faite pour les circonstances mêmes dans lesquelles nous nous trouvons?

Dans quel tems seront-elles plus nécessaires?

Attendra-t-on, comme au mois de mars dernier, pour prendre des mesures promptes et fermes, qu'il n'en soit plus tems.

Alors on avait senti que, dans des circonstances extraordinaires, il fallait des mesures extraordinaires.

Quel français osa les blâmer? Mais déjà la France était perdue : un mois plutôt, elles pouvaient la sauver.

Maintenant les coupables ont de plus l'expérience de l'impunité ; et nous, n'aurons-nous jamais celle de nos malheurs?

2°. A défaut de rétablissement des Cours prévôtales, ne peut-on pas du moins, pour un tems déterminé et des cas bien spécifiés, abréger les délais de notre procédure criminelle, en réservant à l'accusé le tems et les moyens nécessaires à sa défense.

Il ne s'agit ici que de lois de sûreté publique. Ces lois, la Charte n'interdit point de les modifier, ni de suppléer à leur silence.

Ce sont des lois que nous pouvons changer par d'autres lois. (Article 61 de la Charte); comme on se proposait de le faire pour le code pénal.

Alors on parviendrait à obtenir, au Criminel, pour les crimes contre l'État, une procédure non moins expéditive peut-être que la procédure actuelle en matière correctionnelle, sans pour cela faire remise au coupable, de la peine justement due à son crime.

Il serait peut-être aussi possible et utile d'abréger également la procédure de police correctionnelle pour les simples délits.

Les délits à réprimer par la nouvelle loi, sont en général publics, la plupart de flagrant délit.

Les preuves, les témoins, sont faciles à réunir.

Dès-lors, l'instruction peut être rapide, le jugement prompt, sans nuire à l'accusé ; et en assurant la vindicte publique, on éviterait à l'innocent une longue et pénible prévention.

3°. Ne peut-on pas aussi ordonner que tous les crimes et délits contre l'État soient jugés, toute affaire cessante ?

4°. Dans tous les cas,

Que l'on gradue les peines, depuis la peine capitale jusqu'à la plus légère, comme notre législation elle-même l'établit.

Que l'on n'omette point surtout la déportation, ce moyen le plus rassurant pour l'État.

Que l'on distingue avec soin ce qui est séditieux, prémédité, concerté entre plusieurs, de ce qui ne l'est pas.

Avec cette gradation de peines et ces modifications, a-t-on à redouter les inconvéniens qui résultent peut-être dans certains cas de l'institution du jury. Nous ne craignons pas de le dire, du moment où chaque peine sera proportionnée au délit, où tout délit contre l'État ne sera pas puni de la peine capitale ou du bannissement, comme il l'est maintenant, le jury n'hésitera point à faire une juste application de la peine, comme le ferait le juge le plus pénétré de ses devoirs.

Alors on parviendra, ce qui est si desirable, ne fût-ce que pour l'honneur de notre législation, à punir, par des peines criminelles et devant des tribunaux criminels, ce qui est criminel : par des peines correctionnelles et devant des tribunaux de police correctionnelle, ce qui n'est que simple délit correctionnel.

5°. Ne doit-on pas enfin chercher à punir par leur intérêt, des coupables sans honneur?

Infliger, et le projet n'en parle nulle part, des amendes rigoureuses ?

Pour atteindre les coupables riches qui sont les plus dangereux, et proportionner ces amendes aux diverses fortunes, les baser sur les contributions de différente nature?

Nous avons indiqué l'insuffisance de la loi proposée, et présenté les moyens d'y remédier, parmi lesquels il en est un qui nous paraît réunir au plus haut degré ce qui convient à l'état de la France, et sur lequel nous croyons devoir insister de nouveau, le rétablissement des cours prévôtales.

Elles réunissent en effet le triple avantage d'atteindre promptement le coupable, de l'atteindre sur le lieu du délit, et par leur nouveauté même, d'inspirer cette juste terreur qui prévient le crime.

Que l'expérience de nos pères ne soit plus perdue pour nous. N'oublions pas que les demi-mesures font la perte des Etats.

Objectera-t-on que leur rétablissement entraînerait trop de délai ? vain prétexte.

Qui supposera que la composition actuelle de la magistrature ne permette point de choisir dans chaque département (et sans attendre l'organisation générale des tribunaux), le petit nombre de juges nécessaires à la formation de ces cours ?

Pourra-t-on supposer que le choix des militaires appelés à en faire partie, éprouve plus de difficulté ?

Enfin, l'inconvénient d'un délai peut-il se comparer au danger d'une mauvaise loi ?

Si nos observations ont pu produire quelque impression, croirons nous qu'une pensée étrangère à la loi, puisse arrêter les mandataires du peuple ?

Sans doute, il leur sera pénible de rejeter le premier projet de loi que le Roi propose ; mais lorsque fidèles interprètes des vœux de la nation, ils ont sollicité et obtenu de ce Monarque, la promesse solemnelle et sacrée de mettre enfin un terme à sa clémence, ils ne pourront oublier que leur premier devoir est de lui faire connaître la vérité, et ce qu'exige le salut de l'État.

FIN.

De l'Imprimerie de VALADE.